# Schlag nach
## im Sachunterricht
### 1/2

Eva Jung
Barbara Kiesinger-Jehle
Brunhild Menzel
Peter Menzel
Sibylle Wayand

Dieses Buch gibt es auch auf www.scook.de  Es kann dort nach Bestätigung der Allgemeinen Geschäftsbedingungen genutzt werden.

Buchcode: **st8ht-qa5ce**

Oldenbourg Schulbuchverlag, München

# Inhalt

## In der Schule
Unser Klassenzimmer . . . . . . . . . . . . . . . . . . . . . . . 4
Wir lernen uns kennen . . . . . . . . . . . . . . . . . . . . . 6
In der Pause. . . . . . . . . . . . . . . . . . . . . . . . . . . . . 8
Probleme gemeinsam lösen . . . . . . . . . . . . . . . 9
In der Schule . . . . . . . . . . . . . . . . . . . . . . . . . . . 10
Orientierung im Klassenzimmer . . . . . . . . . . . . 12
Ein Plan von unserer Schule . . . . . . . . . . . . . . 13
Schule vor 100 Jahren . . . . . . . . . . . . . . . . . . . . 14

## Sicher im Verkehr
Was wir auf dem Schulweg sehen und erleben. 16
Mein Schulweg . . . . . . . . . . . . . . . . . . . . . . . . . . 18
Sicher über die Straße gehen . . . . . . . . . . . . . . 20
Besondere Gefahren. . . . . . . . . . . . . . . . . . . . . . 22
Mit dem Bus unterwegs. . . . . . . . . . . . . . . . . . . 23
Sehen und gesehen werden . . . . . . . . . . . . . . . 24

## Zusammen leben
Jede Familie ist anders . . . . . . . . . . . . . . . . . . . 26
Aufgaben in der Familie . . . . . . . . . . . . . . . . . . 28
Zeit mit der Familie . . . . . . . . . . . . . . . . . . . . . . 29
Müll trennen. . . . . . . . . . . . . . . . . . . . . . . . . . . . 30
Müll vermeiden . . . . . . . . . . . . . . . . . . . . . . . . . 31
Gefühle . . . . . . . . . . . . . . . . . . . . . . . . . . . . . . . . 32
Ja sagen – Nein sagen . . . . . . . . . . . . . . . . . . . . 34
Unsere Wünsche . . . . . . . . . . . . . . . . . . . . . . . . 36
Medien um uns herum. . . . . . . . . . . . . . . . . . . . 38
Am Computer . . . . . . . . . . . . . . . . . . . . . . . . . . . 39

## Körper und Gesundheit
Was mein Körper alles kann. . . . . . . . . . . . . . . . . 40
Mein Körper . . . . . . . . . . . . . . . . . . . . . . . . . . . . 42
Mädchen und Jungen . . . . . . . . . . . . . . . . . . . . 43
So bleibe ich gesund. . . . . . . . . . . . . . . . . . . . . 44
Die richtige Kleidung . . . . . . . . . . . . . . . . . . . . 46
Sehen . . . . . . . . . . . . . . . . . . . . . . . . . . . . . . . . . 48
Das Auge . . . . . . . . . . . . . . . . . . . . . . . . . . . . . . 49
Hören . . . . . . . . . . . . . . . . . . . . . . . . . . . . . . . . . 50
Das Ohr . . . . . . . . . . . . . . . . . . . . . . . . . . . . . . . 51
Riechen und Schmecken . . . . . . . . . . . . . . . . . 52
Tasten und Fühlen . . . . . . . . . . . . . . . . . . . . . . 53
Meine Zähne . . . . . . . . . . . . . . . . . . . . . . . . . . . 54
Essen und Trinken. . . . . . . . . . . . . . . . . . . . . . . 56
Gemeinsames Schulfrühstück . . . . . . . . . . . . . 57
Auf dem Markt. . . . . . . . . . . . . . . . . . . . . . . . . . 58

Rund um den Apfel .......................... 60
Rund um das Gemüse ....................... 61

## Pflanzen und Tiere

Die Wiese erleben .......................... 62
Pflanzen und Tiere auf der Wiese ........... 64
Schnecken im Klassenzimmer ............... 66
Der Löwenzahn ............................. 68
Was braucht die Pflanze zum Wachsen? ..... 70
Das Leben einer Pflanze .................... 71
Pflanzen im Klassenzimmer ................. 72
Wir können Pflanzen selbst vermehren ...... 73
Mein Haustier – Kaninchen .................. 74
So leben meine Kaninchen .................. 75
Ein Besuch im Zoo ......................... 76

## Zeit erleben

Erinnerungen .............................. 78
Das Jahr .................................. 80
Der Kalender .............................. 82
Uhren messen die Zeit ..................... 84
Die Uhrzeit lesen .......................... 86
Spielzeug ................................. 88

## Erfinden und Bauen

Der Traum vom Fliegen .................... 90
Türme ..................................... 92
Konstruieren und Bauen .................... 93
Bauen mit Werkzeugen ..................... 94
Wippe und Hebel .......................... 96

## Staunen, entdecken, erforschen

Unser Forscherlabor ....................... 98
Materialien und ihre Eigenschaften ......... 100
Luft hat interessante Eigenschaften ........ 102
Kalte und warme Luft ...................... 104
Luft trägt, bremst und bewegt ............. 106
Töne und Geräusche ....................... 108
Wir machen Musik ......................... 110
Lauter Schall schädigt das Gehör .......... 111
Licht und Schatten ........................ 112
Experimente mit Licht und Schatten ........ 114
Schattentheater ........................... 115
Magnete .................................. 116

Register .................................. 118

Dieses Symbol bedeutet, dass bei dieser Aufgabe experimentiert wird.

# In der Schule
## Unser Klassenzimmer

Ordnung halten    flüstern    sich melden    Rücksicht nehmen

Klassendienste　　　Begrüßung　　　Abschlusskreis　　　freie Arbeit

## Wir lernen uns kennen

Ich kann gut malen.

Hülya

Tim

Ich mag Pizza.

Amir

Lisa

Ich mag meinen Freund Linus.

Leon

Ich mag Hunde.

Hanna

Ich kann schnell rennen.

Theresa

Tian

Name: Jacob
Alter: 7
ich kann gut: malen
ich mag: Mama und Papa

**Was kannst du? Was magst du?**
**Wo kommen deine Mitschüler her?**

# In der Pause

# Probleme gemeinsam lösen

Es gibt Situationen, die schnell zu Wut,
Trauer oder Streit führen können.

Wie verhältst du dich in solchen Situationen?
Was kannst du tun, um diese Situationen zu vermeiden?

**In der Schule**

Wie sieht es in deiner Schule aus?

## Orientierung im Klassenzimmer

Wir ertasten unser Klassenzimmer.

Wir messen unser Klassenzimmer.

Wir bauen ein Modell von unserem Klassenzimmer.

Wir schauen uns unser Klassenzimmer von oben an.

Ansicht          Draufsicht          Plan          Modell

# Ein Plan von unserer Schule

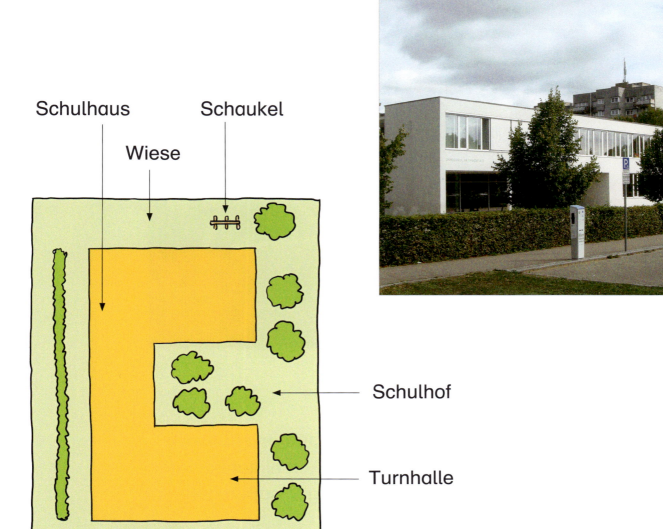

Wie sieht deine Traumschule aus?
Zeichne sie oder baue ein Modell.

## Schule vor 100 Jahren

Klassenzimmer um 1920

Erstklässler um 1920

Vor ungefähr 100 Jahren saßen die Kinder in Holzbänken hintereinander.
Mädchen und Jungen saßen getrennt voneinander.
In einer Klasse waren viel mehr Kinder als heute.
Die Schüler schrieben meistens noch auf Schiefertafeln.
Es gab eine andere Schrift als heute.

A B C D E F G H I J K L M N O P

Q R S T U V W X Y Z

a b c d e f g h i j k l m n o p q

r s ß t u v w x y z tz sch

Schiefertafel

Wie war es bei deinen Eltern oder Großeltern in der Schule? Frage nach.

Schulbank

# Sicher im Verkehr
## Was wir auf dem Schulweg sehen und erleben

Hier wohne ich. Findest du meinen Schulweg?

Wo muss das Kind besonders aufpassen? Spielt nach.
Ein Kind platziert Fahrzeuge an verschiedene Stellen.
Ein anderes Kind geht den Schulweg so, dass es sicher ankommt.

Hier wohne ich. Findest du meinen Schulweg?

# Mein Schulweg

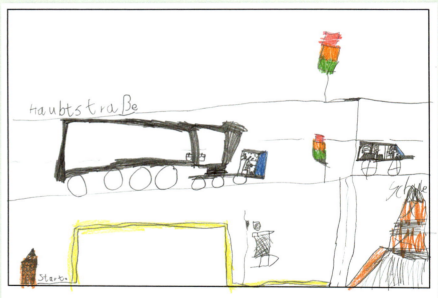

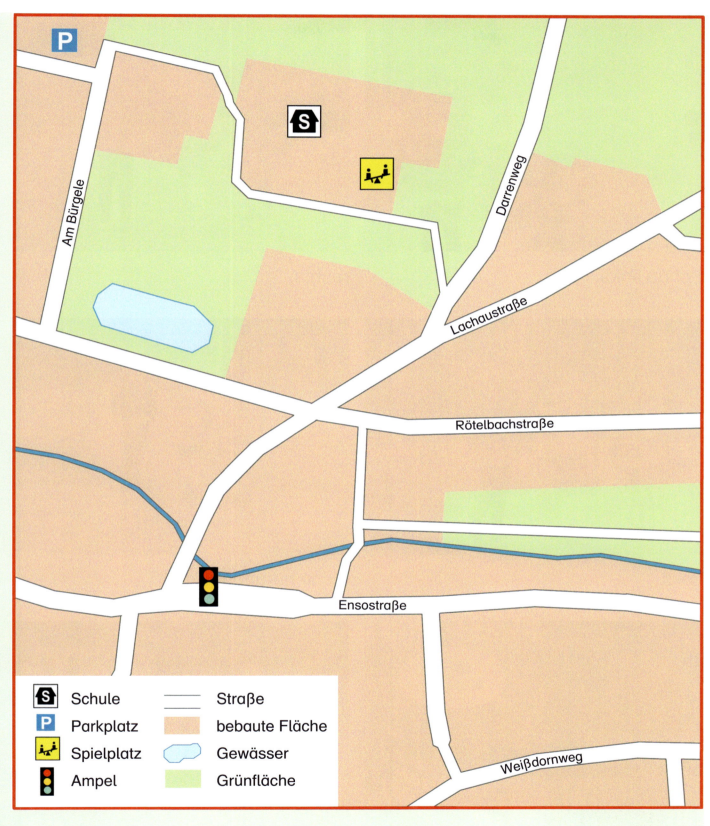

Kinder haben ihren Schulweg gezeichnet.
Vergleiche die Zeichnungen mit der Karte.
Zeichne deinen Schulweg.

## Sicher über die Straße gehen

Schau links,

rechts,

links.

Gehe geradeaus.

Oh..., Radfahrer.

Dann kommst du sicher gut nach Haus!

Bei Rot musst du warten.     Bei Grün darfst du starten.

Sei auf dem Zebrastreifen vorsichtig! Gib Zeichen, wenn du den Zebrastreifen betreten willst! Schau zum Autofahrer, ob er dich auch sieht.

## Besondere Gefahren

Du siehst
das Auto kommen …

Achtung!

… aber sieht dich
auch der Fahrer?

Worauf müssen die
Verkehrsteilnehmer
achten?
Wie vermeiden sie
Gefahren?

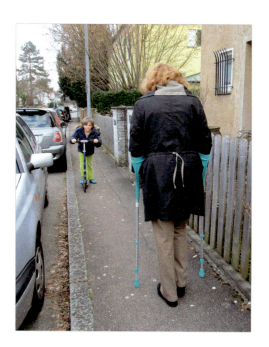

22

## Mit dem Bus unterwegs

Warten, bis alle
ausgestiegen sind,
und dann nacheinander
einsteigen.

Hinsetzen und sitzen
bleiben. Wenn du nur
einen Stehplatz hast,
musst du dich gut
festhalten.

Nacheinander aussteigen.
Willst du die Straße
überqueren, dann erst links
und rechts schauen.
Warten, bis die Straße frei ist.

## Sehen und gesehen werden

hellgrau
hellgrün
weiß
gelb
grün
hellblau
lila
dunkelgrau
orange
blau
rot

Welche Farben siehst du am besten?

Macht eine Modenschau im dunklen Klassenzimmer.

# Dunkelkammer

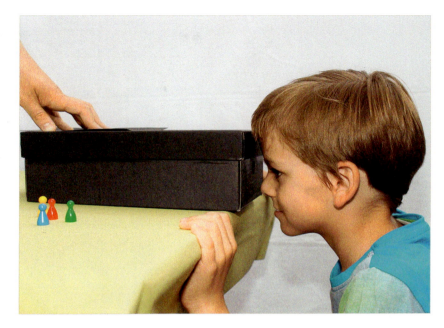

Welche Spielfigur siehst du zuerst?

Was ziehe ich an, damit man mich besser sehen kann?

# Zusammen leben
## Jede Familie ist anders

## Aufgaben in der Familie

# Zeit mit der Familie

Wer gehört zu deiner Familie?

# Müll trennen

Wie wird an deiner Schule oder
bei dir zu Hause der Müll getrennt?

Was bedeutet dieses Zeichen?

So viel Müll!
Wohin nur damit?

# Müll vermeiden

## Was fällt dir auf?

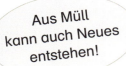

Aus Müll kann auch Neues entstehen!

## Gefühle

Gefühle kann man uns oft ansehen.

erstaunt

wütend

traurig

stolz

Wie fühlst du dich heute?

ängstlich

Was sind schöne Gefühle? Was sind nicht so schöne Gefühle?

beleidigt

glücklich

Bastle dir ein Gefühlsbarometer.

## Ja sagen – Nein sagen

Was würdest du tun? Was würdest du sagen?
Wie sagst du NEIN? Wie sagst du JA?
Spielt im Rollenspiel nach.
Erzähle von Erlebnissen, in denen du JA
oder NEIN gesagt hast.

## Unsere Wünsche

**Medien um uns herum**

Medien werden zur Verbreitung von Nachrichten
und Informationen genutzt.
Es gibt gedruckte und elektronische Medien.

Wofür werden diese Medien genutzt?
Welche Medien hast du selbst schon verwendet?
Welche Medien sind besonders wichtig? Begründe deine Meinung.

# Am Computer

Wie heißen die einzelnen Teile des Computers?
Welche Aufgaben haben sie?
Wofür kann man den Computer nutzen?

Bildschirm   Rechner   Maus   Tastatur   Drucker

39

# Körper und Gesundheit
## Was mein Körper alles kann

Bist du gelenkig?

Hast du Ausdauer?

## Kannst du das Gleichgewicht halten?

## Bist du geschickt?

Teste, was du alles kannst!

# Mein Körper

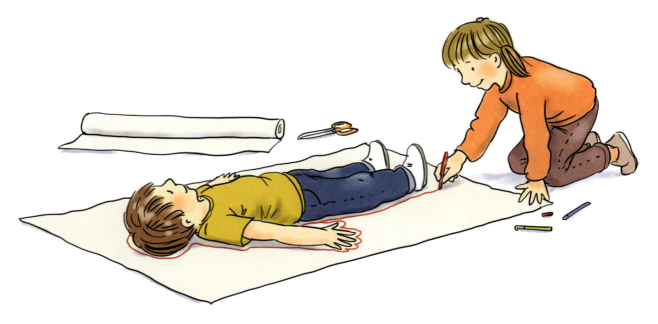

An welchen Körperteilen kannst du Mädchen und Jungen unterscheiden?

## Mädchen und Jungen

Ist das typisch für einen Jungen oder ein Mädchen?
Oder könnte das für beide gelten?

Ich baue gerne mit Bausteinen.

Ich spiele gerne Fußball.

Ich sitze oft am PC.

Ich fahre gerne Fahrrad.

Ich lese viel und gerne.

Ich tanze gerne.

Ich mag Haustiere.

Freunde sind wichtig!
Bastelt euch ein Freundschaftsband!

Was tust du am liebsten? Was interessiert dich besonders?

## So bleibe ich gesund

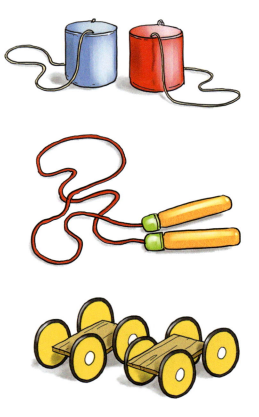

Was tun die Kinder, um gesund zu bleiben?

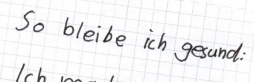
Was tust du, damit du gesund bleibst? Schreibe auf.

So bleibe ich gesund:
- Ich mache regelmäßig Sport
- Ich wasche mich jeden Tag
- Ich gehe abends nicht zu spät ins Bett
-

# Die richtige Kleidung

wandern　　　　　　　　　turnen　　　　　　　　　draußen spielen

Fußballplatz　　　　　Radtour

schwimmen	skaten	Schlitten fahren

Schule	Regenwetter	Urlaub

# Sehen

scharf   Bewegung   dunkel   fern   hell   nah

Farben   Formen   unscharf

Schau genau hin. Was entdeckst du?

# Das Auge

Lid                Augenbrauen

Pupille                Wimpern

Tränendrüse                Iris

Schließe ein Auge.
Versuche nun, den Deckel
auf den Stift zu stecken.

Klatsche vor dem Gesicht
deines Partners in die Hände.
Beobachte dabei seine Augen.

 Bastle dir eine Zwirbelkarte.

Was siehst du, wenn du die Karte schnell drehst?

## Hören

Die Welt ist voller Geräusche. Macht einen Hörspaziergang und schreibt oder malt auf, was ihr hört.

laut   unangenehm   nah   angenehm   kurz

hoch   leise   tief   fern   lang

Das schadet deinen Ohren. Davor musst du sie schützen.

# Das Ohr

Gehörgang

Ohrmuschel

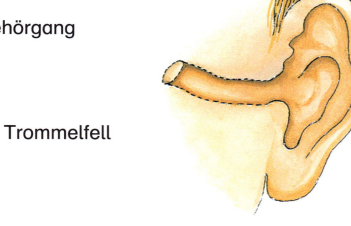

Trommelfell

Ohrläppchen

 Geräusche raten

Was hörst du? Woher kommt das Geräusch?

Große Ohren hören besser.
Hörrohr und Flüstertüte verstärken den Schall.

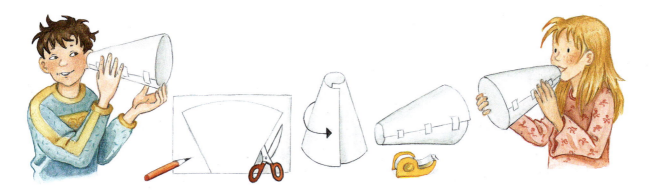

**Riechen und Schmecken**

 Ein Riech- und Schmeckspiel

 Was schmeckst du? Was ist das?

Süß, sauer, salzig oder bitter?

# Tasten und Fühlen

## Mit Händen und Füßen

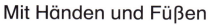

spitz
warm
stumpf  glatt
kalt
rau
weich
hart

 Beschreibe, was du fühlst.

 Welche Zahl fühlst du?

## So schützt du deine Haut.

**Meine Zähne**

Ein Zahn wächst nach

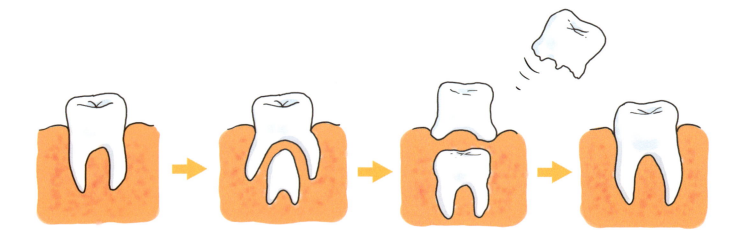

Milchgebiss   Erwachsenengebiss

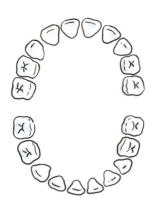 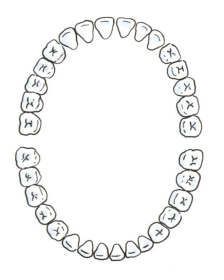 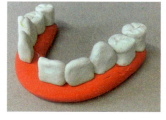

Forme aus Knete.

Wie viele Zähne hat das Milchgebiss?
Wie viele das Erwachsenengebiss? Zähle.

Verschiedene Zähne haben verschiedene Aufgaben.
Zähne sind wie Werkzeuge.

   **Schneidezähne**
schneiden

   **Eckzähne**
reißen

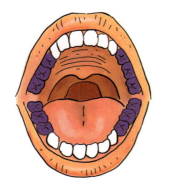   **Backenzähne**
mahlen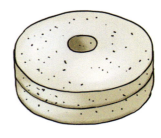

Zähne richtig putzen

Zähne putzen immer von rot nach weiß.

3 Minuten

**K**auflächen   **A**ußenflächen   **I**nnenflächen

Morgens, abends, nach dem Essen: Zähneputzen nicht vergessen.

## Essen und Trinken

**Lecker! Aber auch gesund?**

Was isst und trinkst du am liebsten?

Schreibe auf, was du heute gegessen hast. Was isst du morgen?

# Gemeinsames Schulfrühstück

Die Kinder wollen gemeinsam frühstücken.
Das Frühstück soll gesund sein.
Diese leckeren Brotgesichter haben sie zubereitet:

Plant ein gemeinsames Schulfrühstück.
Was müsst ihr beachten?
Was gehört zu einem gesunden Frühstück?

Gemeinsam essen ist schön!

# Auf dem Markt

Himbeere | Weintraube | Apfel | Stachelbeere

Aprikose | Brombeere | Johannisbeere | Zwetschge

Erdbeere | Mirabelle

Birne | Pfirsich

Quitte | Kirsche

Spinat

Rettich

Möhre

Rote Beete

Endiviensalat

Sellerie

Weißkohl

Blumenkohl

Zuckerrübe

Erbse

Bohne

Radieschen

Tomate

Gurke

**Rund um den Apfel**

So sieht ein Apfel von innen aus:

Schale

Kerngehäuse

Fruchtfleisch

Stiel

Kerne

Warum hat der Apfel eine Schale?

Nach 1–3 Tagen?

Wie isst du Äpfel am liebsten?

## Rund um das Gemüse

| Blattgemüse | Wurzelgemüse | Fruchtgemüse |
|---|---|---|

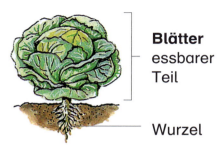

Blätter – essbarer Teil
Wurzel

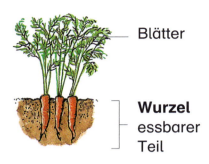

Blätter
Wurzel – essbarer Teil

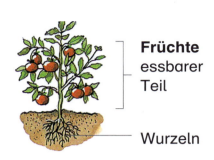

Früchte – essbarer Teil
Wurzeln

## Wie isst du Gemüse am liebsten?

Welchen Teil der Pflanze essen wir?

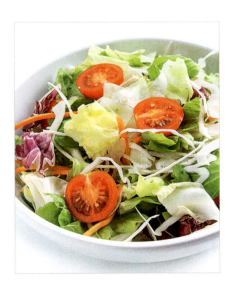

**Welches Apfel- oder Gemüsegericht könntet ihr im Klassenzimmer zubereiten?**

# Pflanzen und Tiere
## Die Wiese erleben

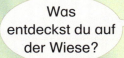

Was entdeckst du auf der Wiese?

# Pflanzen und Tiere auf der Wiese

Welche Wiesenpflanzen kennst du?
Welche Tiere entdeckst du auf der Wiese?

# Schnecken im Klassenzimmer

Atemloch

Augen

Gehäuse

Kriechsohle

Fühler

Es gibt Nacktschnecken und Schnecken mit Gehäuse.
Schnecken haben keine Knochen.
Deshalb nennt man sie Weichtiere.

Achtung: Schnecken sind Lebewesen. Gehe vorsichtig mit ihnen um.

## Was und wie fressen Schnecken?

| Beobachtungsbogen | | | | |
|---|---|---|---|---|
| | Ich vermute | | Ich beobachte | |
| | Ja | Nein | Ja | Nein |
| Gurke | | | | |
| Salat | | | | |
| Keks | | | | |

## Wie bewegen sich Schnecken fort?

Glasplatte

Bauklötzchen

Spiegel

## Wozu hat die Schnecke den Schleim?

Welche Fragen zur Schnecke hast du noch? Was interessiert dich noch?

# Der Löwenzahn

Blüte

Samen

Blütenknospe

Pfahlwurzel

Blätter

Betrachte die Teile
des Löwenzahns genau. Zeichne.

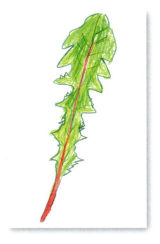

Der Löwenzahn ist ein Überlebenskünstler.
Er wächst fast überall. Im Frühjahr sind die Wiesen voller gelber Blüten.
Die Wurzeln reichen bis zu 2 Meter tief in die Erde.
Die Samen werden durch Wind und Tiere verbreitet.
Sie können bis zu 10 Kilometer weit fliegen.

Beobachte den Löwenzahn am Morgen und am Abend.

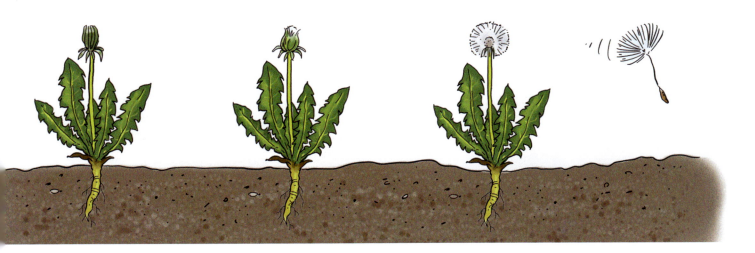

# Was braucht die Pflanze zum Wachsen?

Finde heraus, warum eine Kresse gelb und die andere grün ist.

 Liegt es am Wasser?

| Beobachtungsbogen | Das sehe ich | wächst | wächst nicht |
|---|---|---|---|
| mit Licht | | | |
| ohne Licht | | | |
| mit Wasser | | | |
| ohne Wasser | | | |
| … | | | |

 Liegt es am Licht?

 Wächst die Kresse auch im Kalten?

## Das Leben einer Pflanze

Die Kapuzinerkresse

Der Samen **keimt**, bekommt Wurzeln und Blätter.
Die Keimpflanze **wächst** und wird größer.
Aus den Knospen entwickeln sich **Blüten**.
Aus diesen werden **Früchte**.
Die **Samen** aus der Frucht kann man
im nächsten Jahr wieder aussäen.

Zeichne Bilder von deiner Pflanze und
gestalte einen eigenen Pflanzenkreislauf.

## Pflanzen im Klassenzimmer

| Wir brauchen: | Wer besorgt diese Dinge? |
|---|---|
| – verschiedene Töpfe mit Loch | Lena, Mia, Max, Luca |
| – Untersetzer | Paul |
| – Blumenerde | Mia |
| – Gießkanne | Nils |
| – Wassersprühflasche | Oskar |
| – Pflanzen | Eltern fragen |

**Flammendes Käthchen**

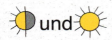  und ☀

15° bis 30°

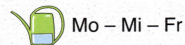 Mo – Mi – Fr

im Herbst abdunkeln

**Weihnachtskaktus**

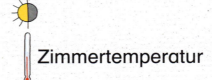 Zimmertemperatur

 Mi

 Mo – Fr

September/Oktober nur ganz wenig Wasser, kühl stellen

**Grünlilie**

 Zimmertemperatur

 Mo – Mi – Fr

mäßig feucht halten

## Wir können Pflanzen selbst vermehren

Eine neue Pflanze durch Ableger

Eine neue Pflanze durch Stecklinge

Hier brauchst du etwas Geduld.

Zeichne, wie deine Pflanze wächst.

Beobachtung – Mein Usambaraveilchen

2. Februar — 10. März — 13. April

## Mein Haustier – Kaninchen

Das sind Jimmy und Paula. Es sind Zwergkaninchen. Ich habe sie schon drei Jahre.

**So leben Kaninchen in der Natur**

Kaninchen sind Höhlenbewohner.

Kaninchen leben auf sandigen Feldern, aber auch am Rande von Wäldern.

Kaninchen bewegen sich viel.

Kaninchen sind gerne mit anderen zusammen.

# So leben meine Kaninchen

**Das fressen meine Kaninchen:**

Gurke  Klee  Salat  Löwenzahn  ?  Heu  Karotte  Körner

> Wozu benötigen die Kaninchen Äste und Zweige?

Und was braucht dein Haustier?

# Ein Besuch im Zoo

**Diese Tiere wollen wir sehen:**

**So finden wir die Tiere:**

**Das wollen wir wissen:**

Können wir beim Füttern zugucken?

Warum leben Tiere im Zoo?

Dürfen wir die Tiere streicheln?

Wie können sich Tiere untereinander verständigen?

Laufen sie oft weg?

**Das brauchen wir für den Zoobesuch:**

## Informationen aus dem Internet:

**Service > Öffnungszeiten**

Der Zoo ist an 365 Tagen im Jahr bis Sonnenuntergang geöffnet.
Sie können den Zoo über Drehkreuze bis Einbruch der Dunkelheit verlassen.

Sommer: 8.30 – 17.30
Winter: 8.30 – 16.00

## Wie wir zum Zoo kommen und was wir noch wissen müssen:

**Service > Fuetterungszeiten**

| Tier: | Tag: | Sommer: |
|---|---|---|
| Großkatzen (Raubtierhaus) | täglich außer freitags | 18.15 |
| Robben (mit Vorführung) | täglich | 11.00 15.30 |
| Elefanten | Zu bestimmten Zeiten ist bei den Elefanten auch für Besucher das Füttern erlaubt. Dies findet nur im Beisein der Pfleger statt und nur mit dem Spezialfutter aus dem Automaten. Bitte beachten Sie die Aushänge! | Je nach Witterung, bitte beachten Sie den Aushang im Tierhaus. |
| Delphine (mit Vorführung) | täglich | 11.30 14.30 16.30 |

| Tageskarten: | Erwachsene (ab 17 Jahren) | Kinder (4 bis 16 Jahre) |
|---|---|---|
| Tageskarte | 6,00 € | 3,00 € |
| Kleingruppe 1 (1 Erwachsene(r) und bis zu 4 Kinder) | 11,50 € | |
| Kleingruppe 2 (2 Erwachsene und bis zu 4 Kinder) | 17,00 € | |
| Anschlußkarte Kleingruppe (ab 5. Kind) | | 2,50 € |
| Studierende, Schülerinnen, Schüler, Auszubildende (17 bis 27 Jahre) | 5,00 € | |
| Gruppen (ab 20 Personen) | 5,00 € | 2,50 € |

Verkehrsmittel: Bus
Begleitung:
Abfahrtszeit:
Rückkehr um:
Kosten
 - Fahrgeld:
 - Eintritt:
 - Führung:
 - Zusammen:
Geld mitbringen bis zum:

# Zeit erleben
## Erinnerungen

Jana hat Fotos und Erinnerungsstücke ihrer Oma mitgebracht.

Betrachte die Fotos. Was hat Janas Oma erlebt?
Bringe die Fotos in eine Reihenfolge.

Was hast du schon erlebt?
Bringe Fotos oder Erinnerungsstücke mit.
Erzähle dazu.

Vergangenes ist vorbei und kommt nicht wieder.

Die Zukunft kennt niemand.
Man kann sich in die Zukunft träumen.

Das, was jetzt gerade ist, ist morgen schon Vergangenheit.

Zeit ist unendlich.

Was ist für dich Zeit?
Tauscht euch aus.

Hast du Zukunftsträume?
Erzähle.

# Das Jahr

Welche Jahreszeit gefällt dir am besten?
Alle Monate außer einem haben 30 oder 31 Tage. Wie heißen sie?
Welcher Monat ist der kürzeste?
Welche Feste kannst du auf den Bildern erkennen?
Welche Feste feiert ihr in der Klasse?
Welche Feste feiern deine Klassenkameraden?

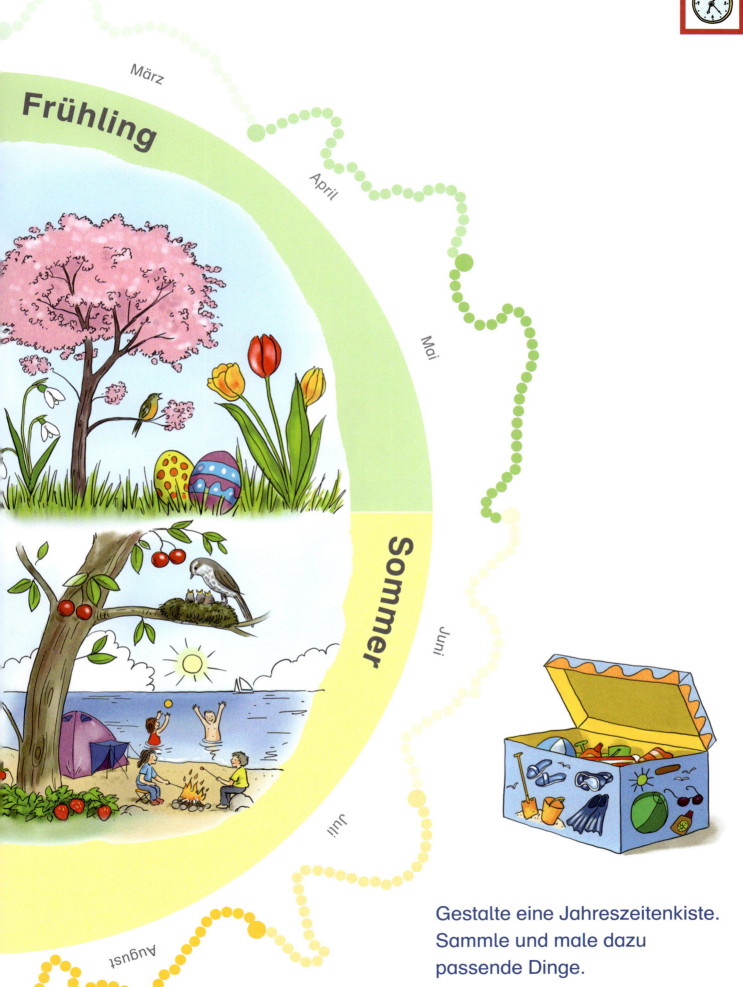

Gestalte eine Jahreszeitenkiste. Sammle und male dazu passende Dinge.

## Der Kalender

Das Jahr hat 12 Monate. Sie sind nicht alle gleich lang.
Es gibt Monate mit 30 Tagen und Monate mit 31 Tagen.
Nur ein Monat ist kürzer.
12 Monate sind 52 Wochen. Jede Woche hat 7 Tage.
Ein Tag hat 24 Stunden.

Januar     Februar     März     April     Mai     Juni

Vergleiche die Kalender. Wofür werden sie verwendet?
Kannst du sie ordnen?
Erstellt einen Jahreskalender für eure Klasse.
Tragt wichtige Ereignisse wie zum Beispiel Ausflüge,
Geburtstage, Ferien oder Feste ein.

Juli     August     September     Oktober     November     Dezember

## Uhren messen die Zeit

Es gibt viele verschiedene Uhren.
Alle Uhren messen die Zeit.

Auf welchen Uhren kannst du ablesen, wie viel Uhr es ist?
Was machst du normalerweise zu dieser Uhrzeit?
Wie heißen die Uhren?
Wofür werden sie verwendet?
Welche Uhren gibt es bei dir zu Hause?

Zeit vergeht mal schnell und mal langsam.

Schau dir die Bilder an.
Wann vergeht die Zeit schnell?
Wann vergeht die Zeit langsam?
Ist das wirklich so?

## Die Uhrzeit lesen

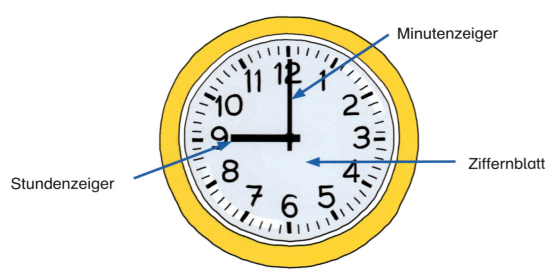

Eine Uhr zeigt uns die Uhrzeit an.
Der kürzere Zeiger zeigt die Stunden an.
Der längere Zeiger zeigt die Minuten an.
Manche Uhren haben auch einen Sekundenzeiger.

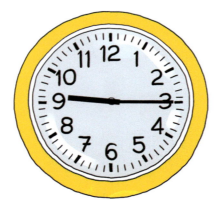 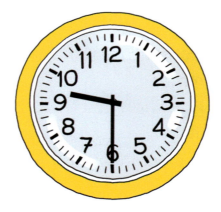

Ein Tag hat 24 Stunden.
Eine Stunde hat 60 Minuten.
Eine Minute hat 60 Sekunden.
Nenne die Uhrzeiten, die die Uhren angeben.

**Eine Sanduhr bauen**

Das brauchst du:
2 leere Gläser mit Schraubverschluss
Sand, 1 Nagel, Hammer,
Kleber, der richtig gut klebt, Klebeband

So gehst du vor:
1. Klebe die Deckel zusammen und umwickele sie mit Klebeband.
2. Schlage in die Mitte der Deckel ein Loch.
3. Fülle ein Glas mit Sand.
4. Schraube den Deckel und das leere Glas darauf.

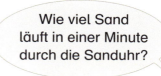

Wie viel Sand läuft in einer Minute durch die Sanduhr?

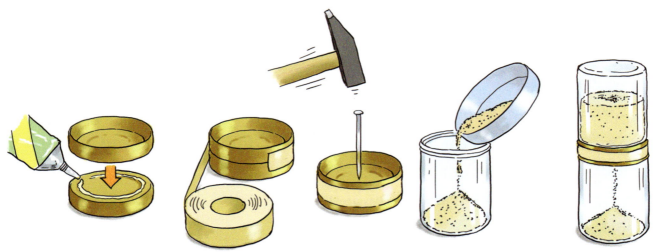

# Spielzeug

Welche Spiele haben schon deine Mama
oder dein Papa gespielt?
Welche Spiele gab es schon, als deine Oma und dein Opa ein Kind waren?
Welche Spiele sind vielleicht noch viel älter?
Welches Spielzeug gibt es heute immer noch? Wie hat es sich verändert?
Was spielst du gerne?

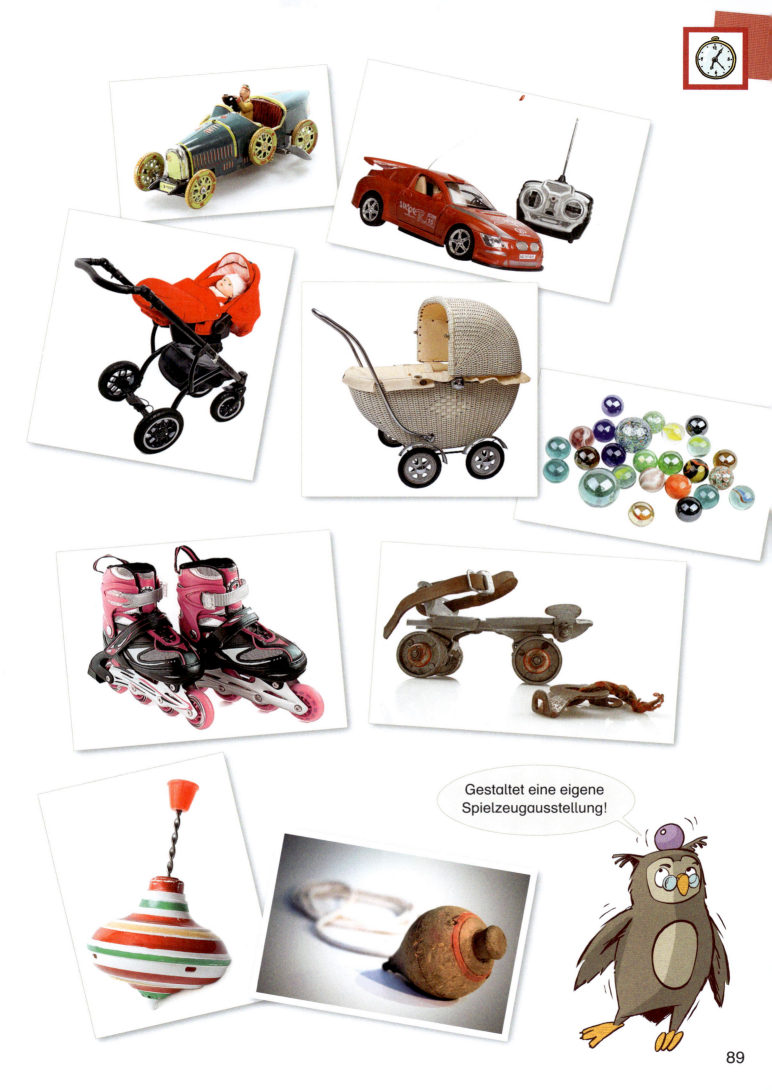

Gestaltet eine eigene Spielzeugausstellung!

# Erfinden und Bauen
## Der Traum vom Fliegen

Vor 4000 Jahren: Der Sage nach bauen sich Dädalus und sein Sohn Ikarus Flügel aus Vogelfedern.

Vor 200 Jahren: Jakob Kaiserers Idee, mit Adlern einen Ballon zu lenken

Vor etwa 100 Jahren: Otto Lilienthal konstruiert Flugapparate und probiert sie aus.

Vor 500 Jahren: Leonardo da Vinci entwirft verschiedene Flugapparate.

Heute: Astronaut im Weltraum

Vor ca. 70 Jahren: Das erste Flugzeug durchbricht die Schallmauer.

Erfinde einen Flugapparat.

 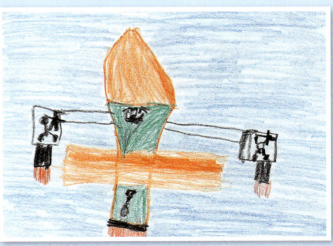

# Türme

Turmbau zu Babel

Schiefer Turm Pisa

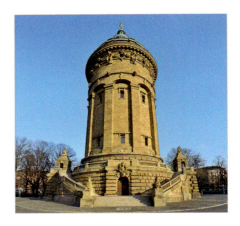
Wasserturm Mannheim

Burg Hohenzollern

Fernsehturm Stuttgart

Burj Khalifa Dubai

Eiffelturm Paris

Killesbergturm Stuttgart

Ulmer Münster

Welche Türme kennst du?

# Konstruieren und Bauen

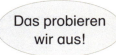

Das probieren wir aus!

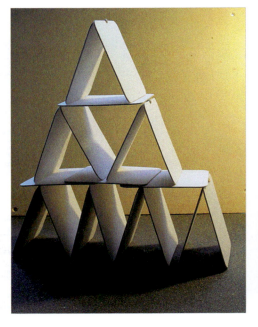

## Bauen mit Werkzeugen

Wir bauen eine Sturmscheibe

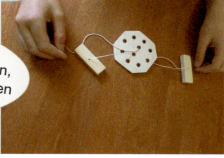

Hämmern, bohren, sägen, feilen, kleben, raspeln, schrauben, schmirgeln... da macht das Werken richtig Spaß!

Was macht man mit diesen Werkzeugen?

| Feile | Feinsäge | Schmirgelpapier | Laubsäge |
| Bohrer | Schraubenzieher | Kombizange | Hammer |
| Gehrungslade | Schraubzwinge | Raspel | Klebepistole |

## Wippe und Hebel

 Bringe die Wippe ins Gleichgewicht.
Wie musst du die Steine auf das Lineal legen?

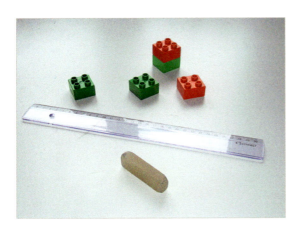

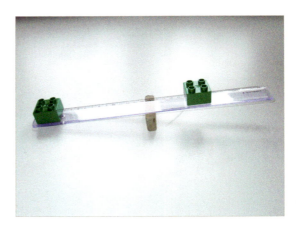

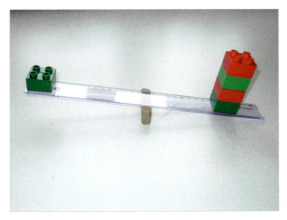

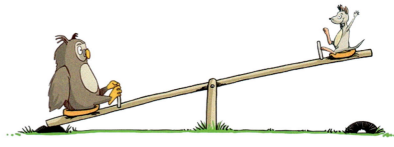

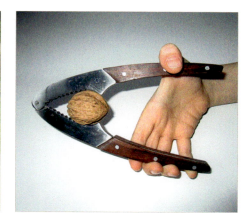

 Wie brauchst du weniger Kraft?

Wer am längeren Hebel sitzt, hat mehr Kraft.

# Staunen, entdecken, erforschen
## Unser Forscherlabor

# Materialien und ihre Eigenschaften

Stein  Holz  Gummi  Metall  Knete  Glas  Styropor  Kunststoff

Wir untersuchen Kugeln

Woraus sind die Kugeln?
Wie schwer sind sie?
Wie fühlt sich die Oberfläche an?
Welche Kugel rollt am weitesten?
Welche Kugel springt am höchsten?

| | leicht | | hart | | durchsichtig | | elastisch |
zerbrechlich | | formbar | | kalt | | glatt | |

Name: Julia Maier
Datum. 9.1.2015

**Versuchsprotokoll**

Das will ich wissen:
Welche Kugel rollt am weitesten?

Ich vermute:
Die Holzkugel

Das habe ich beobachtet:

So sieht mein Versuch aus:

## Luft hat interessante Eigenschaften

Ist im Becher oder der Flasche etwas drin, was du nicht sehen kannst?

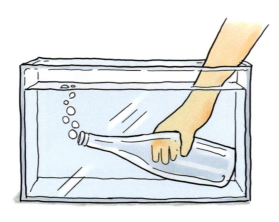

 Befestige die Spritze mit dem Stopfen auf der Flasche. Fülle dann Wasser in die Flasche. Beobachte.

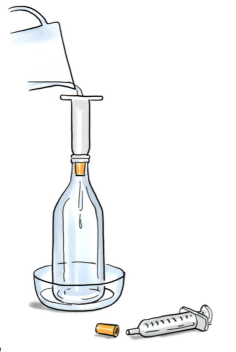

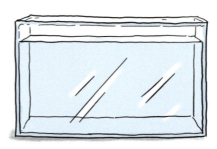

 Kann das Gummibärchen tauchen, ohne nass zu werden?

 Bewege den Kolben.
Was passiert?

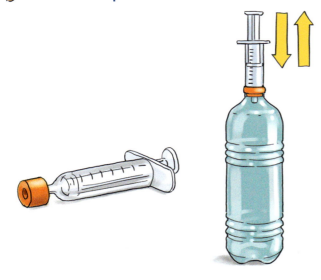

 Lässt sich der Kolben in der anderen Spritze bewegen?

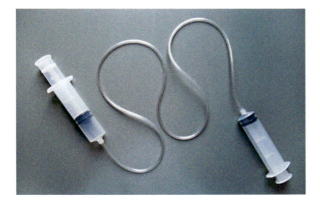

Wodurch entsteht das Geräusch beim Türöffnen?

Welche Eigenschaften der Luft hast du herausgefunden?

## Kalte und warme Luft

 Stelle die Flasche mit dem Ballon danach in kaltes Wasser. Was passiert?

 Was passiert mit der Münze?

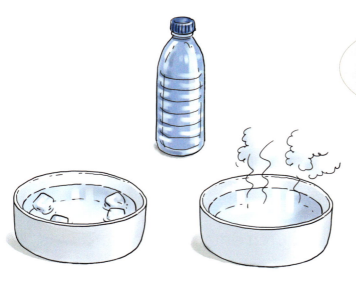

kaltes Wasser   heißes Wasser

 Stelle die Flasche ins kalte und danach ins heiße Wasser. Was entdeckst du?

 Wie kommt ein gekochtes und geschältes Ei in die Milchflasche und heil wieder heraus?

Überlege: Was passiert mit warmer Luft?

 Bastle eine Wärmeschlange.

**Warum ...**

... tanzt die Schlange?

... steigt der Rauch nach oben?

... verändert sich die Raumtemperatur unterhalb des Kühlschranks, wenn man die Tür öffnet?

105

# Luft trägt, bremst und bewegt

## Töne und Geräusche

  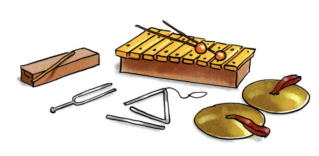

 Untersuche, was passiert, wenn Töne entstehen.

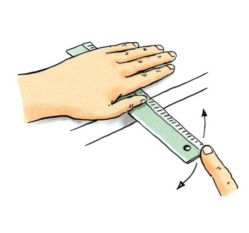 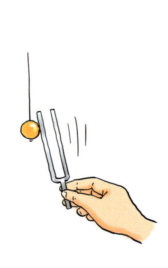 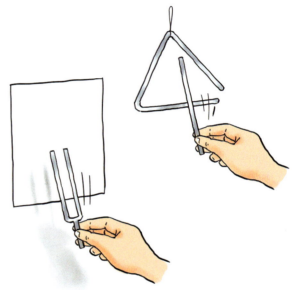

 Was geschieht mit dem Reis?

Luft überträgt den Schall wie Dominosteine einen Stoß.

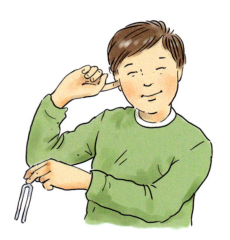

 Was leitet den Schall am besten? Probiere es aus.

Telefonieren mit Schnur oder Schlauch

## Wir machen Musik

Wie erzeugst du hohe und tiefe Töne?

Was schwingt?

Bau dir eine Gummigitarre aus …

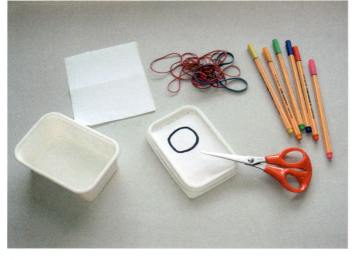

# Lauter Schall schädigt das Gehör

| Hörgrenze | Belastung | Schädigung | Schmerzgrenze |

Ordne die Bilder von sehr leise bis sehr laut.

Du kannst Schall dämpfen. Probiere aus.

# Licht und Schatten

Wo braucht man elektrischen Strom für das Licht?

# Schattenspiele

 Wie verändert sich der Schatten?
Wie erhältst du keinen Schatten?

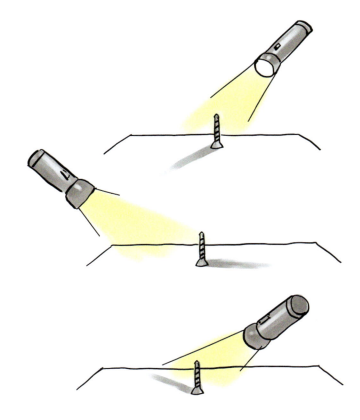

# Experimente mit Licht und Schatten

 Schatten raten

 Wann ist der Schattenmann groß und wann ist er klein?

 Warum gibt es zwei Schatten?

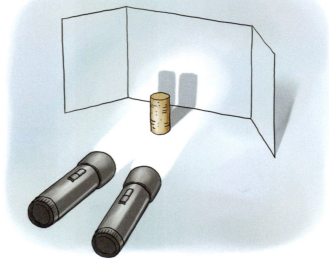

 Baue dir ein Mini-Schattentheater.

# Magnete

## Verschiedene Magnete

 **Was wird von einem Magneten angezogen?**

## Magnetbilder und Magnetfiguren

Suche im Klassenzimmer magnetische Gegenstände.

# Register

Arbeit 10–11, 28
Auge 48–49

Ball 100–101
Bauwerke 92–93
Beruf 26–28
Bewegung 40–41
Blatt 61, 64–65
Brauchtum 82–83
Brot 56–57

Dunkelheit 24–25, 112–113

Entwicklung 42–43, 78–79
Erinnerung 78
Ernährung 45, 56–61
Essen 56–61
Experimente siehe Versuche

Fahrrad 20
Familie 26–29, 37, 78, 88–89
Feste 80–81, 82–83
Flügel 90–91
Fluggeräte 90–91
Forscher 98–117
Freund 4–6, 26–27, 33
Frühling 80–81

Gefahr 20–24
Gefühl 26–27, 32–33, 62–63
Geld 36–37
Gemeinschaft 4–5, 26–27
Gemüse 56–61
Grundriss 13, 19

Hase 74–75
Haut 53
Hausarbeit 28–29
Haustier 74–75
Hebel 97
Heimat 6–7
Herbst 80–81
Historisches Lernen 14–15, 88–89

Instrumente 108, 110
Jahr 80–81
Jahreszeiten 80–83
Junge 42–43, 46–47

Kalender 82–83
Kaninchen 74–75
Kapuzinerkresse 70–71
Klassenzimmer 4–5, 12–15
Kleidung 46–47
Kresse 70–71
Körper 40–55
Körperpflege 44–45, 55
Kugel 100–101

Lärm 108–111
Leben 78–79
Lebensmittel 56–61
Licht 24–25, 112–115
Löwenzahn 68–69
Luft 102–107

Mädchen 42–43, 46–47
Magnet 116–117
Materialien 100–101
Mental Maps 18–19
Monat 80–83
Müll 30–31
Mund 52
Musik 108–110

Nacht 24–25, 112
Nahrungsmittel siehe Lebensmittel
Nase 52
Nationen 6–7, 26–27

Obst 58–60
Ohr 50–51

Pause 8–9
Pausenbrot 45, 57
Pflanzen 61–65, 68–73
Pflege
    von Pflanzen 70–73
    von Tieren 66–67, 74–75
Plan 13, 18–19, 76–77

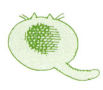

Rad siehe Fahrrad

Schall 108–111
Schatten 112–115
Schnecke 66–67
Schulbus 23
Schulgelände 8–9, 16–17
Schulhaus 10–11
Schulweg 16–21
Selbstwertgefühl 32–35
Sinne 48–53
Sommer 80–81
Sonne 112–113
Spiel 8–9, 88–89
Spielzeug 88–89

Tag 80–87
Tiere 64–67, 74–77
Töne 108–111
Türme 92–93

Uhr 84–87
Uhrzeit 84–87

Vergangenheit 78–79
Verkehr 16–25
Versuche
    zum Anziehen und Abstoßen 116–117
    zum Blattgrün 70–71
    zum Hebel 97
    zum Hören 50–51
    zu Licht und Schatten 112–115
    zur Luft 102–107
    zum Riechen 52
    zum Schall 108–111
    zum Schmecken 52
    zum Schmelzen 104
    zum Sehen 48–49
    zur Sichtbarkeit 24–25
    zum Tasten und Fühlen 53
    zur Wippe 96

Werkzeuge 94–95
Welt 6–7, 26–27
Wetter 80–81
Wiese 62–63, 64–65
Wiesenpflanzen 62–63
Wiesentiere 62–67
Winter 80–81
Wippe 96
Woche 82–83
Wunsch 36–37

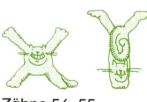

Zähne 54–55
Zeit 78–89
Zeitmesser 84–87
Zoo 76–77
Zunge 52

# Bildquellenverzeichnis

**Cover:** Johann Jilka, Altenstadt. **6:** Hülya: Shutterstock/MidoSemsem. Tim: Fotolia/© WavebreakmediaMicro. Amir: Fotolia/© WavebreakmediaMicro. Lisa: Fotolia/© pete pahham. Leon: Shutterstock/michaeljung. **7:** Hanna: Shutterstock/BlueSkyImage. Theresa: Fotolia/© pete pahham. Tian: Fotolia/© wusuowei. **13.1:** Barbara Kiesinger-Jehle, Ulm. **13.2:** Sybille Hody, München. **14.1:** Interfoto/TV-Yesterday. **14.2:** BPK. **15.1:** Fotolia/© roostler. **15.2:** Fotolia/© Hans-Peter Reichartz. **17.1:** Fotolia/© VRD. **17.2:** Fotolia/© nikolay100. **19:** Hendrik Kranenberg, Drolshagen. **20/21:** Eva Jung, Hohen Neuendorf. **22.1–3:** Peter Menzel, Esslingen. **22.4:** Fotolia/© Cyril Comtat. **24.1–2:** Johann Jilka/Altenstadt. **24.3:** Sibylle Wayand, Ludwigsburg. **24.4:** Fotolia/© pololia. **25:** Sibylle Wayand, Ludwigsburg. **29:** alle Fotolia o.l: © jörn buchheim. o.M.: © Olesia Bilkei. o.r.: © Robert Kneschke. M.l.: © Monkey Business. M.r.: Fotolia/© Jaren Wicklund. u.r.: © DNF-Style. u.M.: © Robert Kneschke. u.r.: © gstockstudio. **30** u.l.: Shutterstock/© leigh. **31:** alle Fotolia M.M.:© Tommaso Lizzul. u.l.: © Tino Schumann. u.r. © sofia30. **32** o.l.: Shutterstock/In Green. **32** o.r.: Shutterstock/Melissa King. **32** M.M.: Fotolia/© pathdoc. **33** o. Fotolia/© rimmdream. **33** M.r.: Fotolia/© Deyan Georgiev. **33** u.l.: Fotolia/© Serhiy Kobyakov. **33** u.r.: Sibylle Wayand, Ludwigsburg. **33** Wäscheklammer: Shutterstock. **36** o.r.: shutterstock/Discovod. **36** M.r.: Fotolia/© destina. **36/37** Kinderillus: Eva Jung, Hohen Neuendorf. **36/37** Magnet-Pins: Fotolia. **36/37** Tafel im Hintergrund: Fotolia/© Rawpixel. **38.1:** Fotolia/© Luis Angel Garcia. **38.2:** Fotolia/© iluzia. **38.3:** Fotolia/© Matthias Buehner. **38.4:** Fotolia/© Picture-Factory. **38.5:** Fotolia/© by-studio. **38.6:** Fotolia/© Oleksiy Mark. **38.7:** Fotolia/© Texelart. **38.8:** Shutterstock/maxim ibragimov. **38.9:** Fotolia/© interklicks. **38.10:** Fotolia/© fotokalle. **38.12:** Shutterstock/© patpitchaya. **38.13:** Shutterstock/© Eric Milos. **39** M.: Hendrik Kranenberg, Drolshagen. **40** o.l.: Fotolia/© glenkar. **40** o.M.: Fotolia/© SolisImages. **40** o.r.: Shutterstock/bonzodog. **40** u.l.: Fotolia/natasnow. **40** u.M.: Fotolia/© FrankU. **40** u.r.: Shutterstock/Liquorice Legs. **41** o.l.: Shutterstock/TunedIn by Westend61. **41** o.M.: Fotolia/© Köpenicker. **41** o.r.: Fotolia/© Köpenicker. **41** u.l.: Shutterstock/Liquorice Legs. **41** n.M.: Fotolia/© Lucky Dragon. **41** u.r.: Fotolia/BigandtPhotography.com. **43+48.1–6:** Sibylle Wayand, Ludwigsburg. **48.7:** FOTOFINDER:COM/© UIG. **48.8:** Fotolia/© vector_maker. **48.9:** Fotolia/© Giovanni Cancemi. **49** u.: Beate Manchen-Bürkle, Sachsenheim. **53** o.l: Johann Jilka, Altenstadt. **53** M.r.: Elisabeth Mitterwallner, München. **54** u.r.: Sibylle Wayand, Ludwigsburg. **56** Pommes: Fotolia/© ExQuisine. Glas Milch: Fotolia/© nipaporn. Muffins: Fotolia/© MovingMoment. Glas Fanta: Fotolia/www.highspeedfotos.de. Obst: Shutterstock/Thirteen. Pizza: Shutterstock/Africa Studio. Spaghetti: Shutterstock/Inga Nielsen. Burger: Shutterstock/ExQuisine. Süßigkeitenschale: Fotolia/© 5second. Schokolade: Fotolia/© thodonal. Zeichnung Ernährungstagebuch: Sibylle Wayand, Ludwigsburg. **57:** Sibylle Wayand, Ludwigsburg. **58/59** M.: Shutterstock/Adisa. **58.1:** Shutterstock/yuris. **58.2:** Fotolia/© DOC RABE Media. **58.3:** Shutterstock/Nitr. **58.4:** Fotolia/© Hogo. **58.5:** Shutterstock/yuris. **58.6:** Fotolia/© Igor Normann. **58.7:** Fotolia/© beerfan. **58.8:** Shutterstock/Fortish. **58.9:** Fotolia/Smileus. **58.10:** Fotolia/(c) Yves Roland. **58.11:** Shutterstock/symbiot. **58.12:** Fotolia/© yevgeniy11. **58.13:** Fotolia/© Vladyslav Siaber. **58.14:** Shutterstock/Maleo. **59.1:** Fotolia/© masaandsaya. **59.2:** Fotolia/KLAUS OFFERMANN. **59.3:** Fotolia/Kei Utsuki. **59.4:** Fotolia/© candy1812. **59.5:** Fotolia/© lochstampfer. **59.6:** Fotolia/NikoEndres. **59.7:** Shutterstock/Usynina. **59.8:** Fotolia/© kogamomama. **59.9:** Fotolia/© ExQuisine. **59.10:** Shutterstock/oksana2010. **59.11:** Fotolia/© Sebastiano Fancellu. **59.12:** Shutterstock/Shebeko. **59.3:** Shutterstock/Fotokostic. **59.14:** Shutterstock/Zoeytoja. **60.1+4+5:** Sibylle Wayand, Ludwigsburg. **60.2:** Shutterstock/© wiktord. **60.3:** Shutterstock/© Roman Samokhin. **60.6:** Shutterstock/© margouillat photo. **60.7:** Fotolia/© womue. **60.8:** Fotolia/© photocrew. **61.1:** Fotolia/© Manuel Adorf. **61.2:** Sibylle Wayand, Ludwigsburg. **61.3-6:** alle Fotolia: © ott. /© womue. © st-fotograf. © Kathleen Rekowski.

**62/63** Hintergrund: Fotolia/© Subbotina Anna. **62.1–2:** Eva Jung, Hohen Neuendorf. **62.3–5:** Johann Jilka, Altenstadt. **63.1+63.3–5:** Eva Jung, Hohen Neuendorf. **63.4:** Johann Jilka, Altenstadt. **66.1:** Fotolia/© Zerbor. **66.2–3:** Eva Jung, Hohen Neuendorf. **66.4:** Fotolia/© Nailia Schwarz. **66.5:** Fotolia/© gabuele. **66.6:** Shutterstock/© Szasz-Fabian Jozsef. **66.7:** Fotolia/© Martina. **67** u.: Sibylle Wayand, Ludwigsburg. **69** o.r.: Shutterstock/© Ozerov Alexander. **69** o.M.: Fotolia/© Ruud Morijn. **69** o.r.: Fotolia/© chehov. **69** M.r.: Fotolia/© katarinagondova. **69** M.l.: Fotolia/© Tiko Aramyan. **70.1:** Peter Menzel, Esslingen. **70.2–4:** Eva Jung, Hohen Neuendorf. **71** o.l. + Kinderzeichnung u.: Eva Jung, Hohen Neuendorf. **71** o.M., o.r., M.l., M.r.: Sibylle Wayand, Ludwigsburg. **72.1:** Fotolia/© emuck. **72.2:** Shutterstock/motorolka. **72.3:** Juniors Bildarchiv/Fotodienst Fehn/juniors@wildlife. **73 + 74.1–2:** Eva Jung, Hohen Neuendorf. **74.3:** Fotolia/© leekris. **74.4:** Fotolia/© Erni. **74.5:** Shutterstock/© BradleyvdW. **74.6:** Shutterstock/© francesco de marco. **74.7:** Fotolia/© Paul Maguire. **75:** Eva Jung, Hohen Neuendorf. **76/77:** alle Fotolia: Löwe: © Pavlo Burdyak. Giraffen: © Pakhnyushchyy. Zooplan: © artisticco. Elefant: © Donovan van Staden. Orang-Utan: © boule1301. Boa: © lunatic67. Flamingos: © pegbes. Pinnwand: © A_Bruno Fotolia. bunte Pins: © Zerbor. **78:** Barbara Kiesinger-Jehle, Ulm. **79** u.: akg-images/Erich Lessing/ © Salvador Dalí, Fundació Gala-Salvador Dalí/ VG Bild-Kunst, Bonn 2015. **82** o.l: Fotolia/© Frank Eckgold. **82** o.r.: Fotolia/© sunt. **82** M.l.: Shutterstock/© Pabkov. **82** M.r.: Fotolia/© Flo-Bo. **83:** alle Fotolia: © virtua73. © by-studio. © klenger. © sunt. **88** o.l: Fotolia/© Lennartz. **88** o.r.: Shutterstock/georgemphoto. **88** M.l.: Fotolia/© Avanne Troar. **88** M.r.: Fotolia/© goldpix. **88** M.u.r.: Fotolia/© rost9. **88** u.l.: Shutterstock/OksanaAriskina. **88** u.M.: Fotolia/© roostler. **88** u.r.: Fotolia/© mazzzeltov. **89.1:** Fotolia/© Bjoern Wylezich. **89.2:** Fotolia/© imagedb.com. **89.3:** Shutterstock/indigolotos. **89.4:** Shutterstock/fotografos. **89.5:** Fotolia/© imofotograf. **89.6:** Fotolia/© alesikka. **89.7:** Fotolia/© Kellis. **89.8:** Shutterstock/Ruslan Kudrin. **89.9:** Shutterstock/StockPhotosArt. **90** o.l.: Fotolia/Vilius Paskevicius. **90** o.r.: Interfoto/Mary EvansEDWIN WALLACE. **90** M.l.: Interfoto/Science & Society. **90** M.r.: akg-images. **90/91** Hintergrund: Fotolia/© Francesco De Paoli. **91** o.l: Shutterstock/Georgios Kollidas. **91** o.M.: akg-images. **91** o.r.: picture-alliance/maxpp. **91** M.r.: Okapia/Science. **91** M.l.: Fotolia/© lculig. **92.1:** Shutterstock/© jorisvo. **92.2:** Fotolia/© glashaut. **92.3:** Shutterstock/© clearlens. **92.4:** Fotolia/© Christian Pedant. **92.5:** Shutterstock/Jens Goepfert. **92.6:** Fotolia/© wajan. **92.7:** Fotolia/© Image. **92.8:** Fotolia/© Blickfang. **92.9:** Fotolia/© Dirk Vonten. **93.1:** Shutterstock/© redstone. **93.2:** Fotolia/© pakawat22. **93.3–4 + 93.6–7:** Peter Menzel, Esslingen. **93.5:** Shutterstock/Thomas M Perkins. **94.1:** Beate Manchen-Bürkle, Sachsenheim. **94.2–7:** Sibylle Wayand, Ludwigsburg. **95:** Peter Menzel, Esslingen. **96.1:** Fotolia/© Olesia Bilkei. **96.2–4:** Peter Menzel, Esslingen. **97:** Peter Menzel, Esslingen. **100 + 101:** Peter Menzel, Esslingen. **102** o.M: Shutterstock/© Winai Tepsuttinun. **102** o.r.: Fotolia/© Piotr Marcinski. **103.1–3:** Peter Menzel, Esslingen. **103.4:** Fotolia/© underwaterstas. **105.1:** Fotolia/© frankoppermann. **105.2:** Fotolia/© selitbul. **105.3–5:** Peter Menzel, Esslingen. **110** M.: alle Fotolia: © Madeleine Openshaw. © Wolfgang Mücke. © robcartorres. © kommunaga. © MIGUEL GARCIA SAAVED. © MIGUEL GARCIA SAAVED. © Andrey Popov. © Nikolai Sorokin. © Tatiana Shepeleva. **110** u.: Peter Menzel, Esslingen. **111** o.l.: Fotolia/gena fotografo. **111** o.M.: Eva Jung, Hohen Neuendorf. Fotolia/© benjaminnolte. **111** u.l.: Fotolia/ © T. Michel. **111** u.r. + **113** u.l.: Peter Menzel, Esslingen. **116** o.l.: Johann Jilka, Altenstadt. **116** o.r+ M.r.: Peter Menzel, Esslingen. **116** u.l.: Your photo today . A1 pix – superbild. **116** u.r.: Elisabeth Mitterwallner, München. **117.1–2:** Peter Menzel, Esslingen. **117.3:** Fotolia/© Luisa Leal. **117.4–9:** Peter Menzel, Esslingen.